Este libro le pertenece a:

....

Copyright © BPA Publishing Ltd 2020

Autora: Pip Reid

Ilustrador: Thomas Barnett

Director creativo: Curtis Reid

www.biblepathwayadventures.com

Gracias por apoyar a Bible Pathway Adventures®. Nuestra serie de aventuras ayuda a los padres a enseñarles a sus hijos sobre la Biblia de una forma divertida y creativa. Diseñada para toda la familia, la misión de Bible Pathway Adventures es reintroducir el discipulado en los hogares de todo el mundo. ¡La búsqueda de la verdad es más divertida que la tradición!

Los derechos morales de la autora y el ilustrador han sido declarados. Este libro está protegido por copyright.

ISBN: 978-1-989961-21-6

La novia elegida

Las aventuras de Ester

"... ¿Quién sabe si no has llegado al trono precisamente para un momento como este?"
(Ester 4:14)

Hace mucho tiempo, en el reino de Persia, hubo un poderoso rey llamado Asuero. Su reino era tan inmenso que se extendía desde la India hasta Etiopía. Asuero era el rey más importante del mundo.

Ya que el rey era tan poderoso, podía hacer lo que quisiera. En el tercer año de su reinado, celebró una fiesta en su palacio en Susa, la capital, a la que acudieron los príncipes y los líderes de Persia. ¡Los príncipes estaban entusiasmados! Habían oído hablar sobre las maravillosas fiestas del rey. Montaron en sus caballos y galoparon hasta Susa para comer y beber con el monarca.

El rey quería exhibir ante todos su enorme riqueza. Hizo servir a los príncipes manjares deliciosos, los alojó en los mejores aposentos y les proporcionó diversiones inolvidables. Los músicos tocaron sus instrumentos y todos cantaron, bailaron y bebieron de copas cubiertas con magníficas joyas.

Did you know?

La fiesta del rey Asuero duró 180 días. Después hizo una segunda fiesta para el pueblo de Susa, que duró solo siete días.

Cuando la fiesta terminó, el rey Asuero organizó otra celebración para los habitantes de Susa. Durante siete días, la música resonó en la ciudad y los lugareños comieron y bebieron hasta reventar. En el séptimo día de la fiesta, estando el rey borracho, hizo llegar un mensaje a su hermosa esposa, la reina Vasti: "Ven a verme, y no olvides tu corona real".

Pero la reina Vasti se negó a presentarse ante el rey. "No", respondió. "Esto no está bien, no iré". El rey se enfureció. "¿Cómo puedo castigar a la reina por haberme desobedecido?", gritó.

Los consejeros y sabios del rey tuvieron una idea. "Si las demás mujeres se enterasen de lo que ha hecho la reina, podrían tratar mal a sus maridos", señalaron. "Envíala lejos de aquí y busca otra reina que te ayude a gobernar tu reino". Y el rey hizo justamente eso.

Did you know?

Según el historiador Josefo, una ley persa prohibía que las esposas fueran vistas por hombres que estuvieran borrachos o bebiendo.

Pronto, jóvenes hermosas de todas las ciudades empezaron a llegar al palacio para presentarse ante el rey. La que más le gustara, se convertiría en la nueva reina.

Entre los oficiales influyentes en el palacio había un hebreo llamado Mardoqueo. Era de la tribu de Benjamín, una de las doce tribus de Israel. El rey Nabucodonosor había apresado a la familia de Mardoqueo en Jerusalén y la había llevado de vuelta a Babilonia, una tierra que más adelante se conocería por el nombre de Persia. Muchos hebreos aún vivían allí.

Cuando Mardoqueo supo que el rey buscaba una reina, llevó a su joven y hermosa prima al palacio. Su nombre era Hadasa, pero todos la llamaban Ester.

Mardoqueo dejó a Ester bajo la custodia de Hegai, el hombre elegido por el rey para cuidar de las muchachas. Antes de abandonar el palacio, Mardoqueo le dio a Ester unas instrucciones especiales: "Pase lo que pase, no le digas a nadie que eres hebrea, o quién soy yo". Ester asintió: "Te prometo que no diré nada".

Durante ese año, Ester y las otras jóvenes residieron en palacio y se prepararon para conocer al rey. Se bañaron con perfumes dulces y aceites finos. Y todos los días se peinaban hasta que su cabello relucía como la superficie de una piedra pulida. *"¿Seré la elegida por el rey?"*, se preguntaba Ester.

Transcurridos doce meses, las jóvenes finalmente estuvieron listas para conocer al monarca. Cuando llegó el turno de Ester, permaneció en pie frente a él y solamente dijo lo que Hegai le había indicado.

Al rey Asuero le gustó más Ester que las otras pretendientes. Además de hermosa, también era muy sabia. El rey sabía que había encontrado a su novia. Colocando una corona real en la cabeza de Ester, la nombró reina sucesora de Vasti. ¡El reino de Persia al fin tenía una nueva soberana!

Did you know?

Las bodas en la antigua Persia eran bastante simples. La novia se sentaba al lado del novio. Él le tomaba las manos y las besaba. Los dos comían de una rebanada de pan dividida en dos con una espada, y bebían vino.

Mientras Ester residía en el palacio, Mardoqueo pasaba bastante tiempo en la Puerta del Rey, que era una gran edificación cercana al palacio adonde la gente acudía para tratar asuntos de importancia y para esperar una audiencia real.

Un día, cuando Mardoqueo estaba sentado en dicho lugar, escuchó a dos hombres que conspiraban para matar al rey Asuero. Peor aún, estos hombres eran sirvientes del rey.

Mardoqueo era un súbdito leal del rey. ¡Tenía que hacer algo, y rápido! Envió un mensaje urgente a Ester contándole la maquinación de los sirvientes, para que avisara al rey.

El rey Asuero estaba horrorizado. "¡Cómo se atreven mis sirvientes a tratar de matarme!", exclamó. Los dos hombres fueron arrestados y ahorcados, y el relato de lo sucedido quedó registrado en las actas del reino. Pero Mardoqueo no recibió ninguna recompensa.

El rey Asuero no podía gobernar el reino de Persia él solo, de modo que eligió a un hombre llamado Amán para que lo ayudara a tomar decisiones importantes. "Todos en el reino deben inclinarse ante Amán y hacer lo que él diga", declaró el rey.

Amán era cruel, despiadado y orgulloso. Cuando pasaba por la Puerta del Rey en Susa, todos se postraban ante él. Todos, menos Mardoqueo. "Yo soy hebreo. Yo solo me arrodillo ante Yah, el Dios de Abraham, Isaac y Jacob", decía.

Amán era descendiente de los amalequitas, viejos enemigos de los hebreos. Por eso decidió matar a Mardoqueo. *"Si este hombre no se arrodilla ante mí, lo destruiré a él y a todos los hebreos de este reino"*, se dijo.

Did you know?

Muchas personas creen que hay formas diferentes de pronunciar el nombre de Dios. Estas incluyen, por ejemplo, Yah, Yahweh y Yahuah.

Amán empezó a imaginar distintas maneras de destruir a los hebreos. Trazó un plan horrible. Inclinándose ante el rey Asuero, le dijo: "Hay personas en tu reino que siguen sus propias leyes. No respetan las tuyas y generan problemas. Si los destruyes, llenaré de plata el tesoro real".

Sentado en su alto trono, el rey Asuero escuchó atentamente. Luego se quitó un anillo y se lo entregó a Amán, diciéndole: "Encárgate de esas personas como creas conveniente". Amán sonrió de forma perversa. El anillo del rey le daba autoridad para hacer lo que quisiera. No podía creer su buena suerte.

Antes de que el rey pudiera cambiar de opinión, Amán promulgó una nueva ley que establecía que en el plazo de un año se debía exterminar a todos los hebreos (viejos y jóvenes, mujeres y niños), y sus pertenencias serían confiscadas. La ley estaba sellada con el anillo del rey, así que nadie podría cambiarla.

Cuando Mardoqueo se enteró de la nueva ley de Amán, se enfundó una tela de saco y se cubrió con cenizas para demostrar que estaba triste, y caminó por la ciudad llorando a gritos hasta llegar a la Puerta del Rey. Sabía que los hebreos estaban en un gran problema.

Ester escuchó que Mardoqueo estaba afuera en la Puerta del Rey, y envió a un sirviente para hablar con él. Mardoqueo relató al sirviente todo lo acontecido, y también que Amán había prometido pagar una gran suma de dinero al rey.

Mardoqueo entregó al sirviente una copia de la ley. "Llévale esto a Ester", le ordenó. "Dile que acuda al rey y le pida que perdone su vida y la de su gente".

Did you know?

Amán era descendiente de los amalequitas. Siglos antes, Dios le dijo a Saúl que destruyera a los amalequitas, pero este desobedeció la orden.
(1 Samuel 15)

Ester tenía miedo de presentarse ante el rey. Envió un mensaje a Mardoqueo. "A quien se acerque al rey sin su permiso se le aplicará la pena de muerte, a menos que el rey le tienda su cetro de oro".

Aunque la vida de Ester corría grave peligro, Mardoqueo sabía que no existía otra manera de salvar a los hebreos. Pidió al sirviente que le dijera a Ester: "No pienses que te salvarás por ser la reina. Debes suplicarle al rey que salve a nuestro pueblo. ¿Quién sabe si no has llegado al trono precisamente para un momento como este?".

Esa noche, Ester contempló Susa desde su balcón. El corazón le latía desbocado por el miedo. ¿Debía arriesgar su vida para salvar a su gente?

Finalmente, se decidió a hacerlo. Envió un mensaje a Mardoqueo. "Reúne a todos los hebreos de Susa", decía el recado. "No coman ni beban durante tres días. Mis sirvientes y yo haremos lo mismo. Después, iré a ver al rey. Si muero, que así sea".

Tres días después, Ester se vistió con sus mejores ropas y se adentró en el palacio para ver al rey. Tenía aún más miedo que antes.

Pero Ester no tenía nada de qué preocuparse. Cuando el rey vio a su hermosa esposa, se sintió feliz. Extendió su cetro de oro y le dijo: "¿Qué quieres? Te daré lo que pidas". Ester se sintió muy aliviada. Se acercó y cuidadosamente tocó el cetro de oro. "Por favor, acude a un banquete que he preparado para ti", le dijo. "Y que venga Amán también".

Más tarde, el rey y Amán asistieron al banquete de la reina. Durante la cena, el rey preguntó a Ester: "¿Qué deseas?". Ester respondió: "Ven con Amán a otro banquete mañana. Te lo diré entonces".

Did you know?

El nombre hebreo de Ester era Hadasa, que significaba mirto. El nombre Ester significa "secreta" u "oculta".

Amán hinchó su pecho. Estaba orgulloso de comer y beber vino con el rey de Persia. Cuando llegó a su casa, alardeó de su grandeza ante su mujer y sus amigos.

"La reina me ha invitado a otro banquete", anunció. Luego se acordó de Mardoqueo y suspiró. "Pero nada de esto tiene valor mientras ese hombre siga con vida".

La esposa de Amán tuvo una idea siniestra. "¿Por qué no construyes una estructura de madera?", sugirió. "Mañana, pídele al rey permiso para ahorcar a Mardoqueo en ella. Luego podrás ir al banquete y ser feliz".

Amán se frotó las manos. "¡Qué buena idea!", exclamó con regocijo. "Haré lo que has dicho". De inmediato, ordenó fabricar un patíbulo.

Esa noche, el rey se desveló en el dormitorio real. No podía dormir. Para pasar el tiempo, pidió a su sirviente que le leyera el libro de actas. Cuando el sirviente leyó que Mardoqueo había salvado la vida al rey, este preguntó: "¿Qué recompensa obtuvo por esto?".

"Nada en absoluto", contestó el sirviente.

Ese mismo momento, Amán llegó al palacio para ver al rey. Pero, antes de que pudiera pronunciar una sola palabra, el rey le preguntó: "¿Cómo podría recompensar a un hombre al que quiero honrar?".

Amán se vanaglorió, creyendo que el rey hablaba de él. "¡Ese hombre es un héroe!", dijo. "Vístelo con túnicas reales y paséalo montado a caballo por toda la ciudad. Diles a todos: 'Este es el hombre que el rey se complace en honrar'".

Pero, para sorpresa de Amán, el rey le ordenó: "Haz eso con Mardoqueo". Amán miró al rey, asombrado. No podía creerlo. ¡Aquello no era lo que él había planeado!

Pero Amán no tenía otra opción que obedecer al rey. A regañadientes, vistió a Mardoqueo con túnicas finas y lo guio montado a caballo por las calles de Susa. Primero desfilaban los trompetistas, seguidos por quienes ondeaban abanicos y por un pequeño grupo de soldados a pie. Tras ellos venía Mardoqueo, al lomo del mejor caballo del rey.

La gente llenó las calles para contemplar a Mardoqueo. "¡Éste es el hombre al que honra el rey!", gritó Amán a la multitud. La gente se rio. Todos sabían que a Amán no le caía bien Mardoqueo.

Did you know?

Mardoqueo y Ester eran de la tribu de Benjamín, una de las doce tribus de Israel. Otros benjamitas famosos fueron el rey Saúl y Pablo el apóstol.

Más tarde ese mismo día, Amán y el rey acudieron al banquete que Ester había preparado. Mientras comían y bebían, el rey volvió a preguntar a Ester: "¿Qué deseas? Te daré lo que quieras".

Ella respondió: "Alguien quiere destruirme a mí y a todos los hebreos del reino. Por favor, salva nuestras vidas". El rey se sorprendió. "¿Quién querría hacer tal cosa?", exclamó. Ester señaló a Amán. "¡Nuestro enemigo es el malvado Amán!".

"¿Qué?", estalló el rey. Posó de un golpe su copa de vino sobre la mesa. "¿He sido engañado por mi fiel servidor?". Asuero se levantó de la mesa y abandonó el salón.

La cara de Amán palideció. Empezó a temblar del miedo. Sabía que estaba en grandes problemas. Se arrojó a los pies de Ester, suplicando por su vida. "Por favor, no me mates", gimió.

Pero era demasiado tarde. Cuando el rey Asuero regresó al banquete y fue informado de que Amán había construido una horca para usarla con Mardoqueo, dijo: "¡Colgad a Amán en ella!". Y así fue cómo el malvado Amán murió ese día, en cumplimiento de las órdenes del rey.

Ese mismo día, el rey entregó a Ester la casa de Amán y todas sus pertenencias. Luego se quitó el anillo especial y se lo dio a Mardoqueo. "Eres un buen hombre", dijo el rey, "y necesito que me ayudes a gobernar mi reino".

Colocó una corona de oro sobre la cabeza de Mardoqueo y lo engalanó con un exquisito ropaje de lino. Desde ese día en adelante, Mardoqueo fue un personaje importante y poderoso en el reino de Persia.

Pero Ester no había olvidado que los hebreos corrían un grave peligro. Con lágrimas en los ojos, se postró ante el rey y le suplicó que salvara sus vidas.

El rey Asuero aceptó inmediatamente anular la condena contra los hebreos. Redactó una nueva ley que les autorizaba a defenderse de sus enemigos. Veloces mensajeros a caballo repartieron copias de la ley por todas las provincias del reino.

Cuando la noticia llegó a los hebreos, su alegría fue incontenible. Organizaron una gran fiesta para celebrar su salvación, llamada Purim. Y más tarde ese año, en el día en que se suponía que serían ajusticiados, ocurrió justo lo contrario. En pueblos y ciudades de toda Persia, los hebreos unieron sus fuerzas y destruyeron a sus enemigos.

Para celebrar esta victoria, Ester y Mardoqueo enviaron cartas a todos los hebreos del reino, pidiéndoles que se acordaran siempre del día en que habían derrotado a sus enemigos. Dios había usado a la reina de Persia para salvar a Su pueblo.

FIN

¡Prueba tu conocimiento!

(Empareja la pregunta con la respuesta correcta en la parte de abajo de la página)

PREGUNTAS

¿Quién era el rey de Persia? ....

¿Quién desobedeció al rey al no acudir ante él cuando lo ordenó? ....

¿De qué tribu de Israel era Mardoqueo? ....

¿A quién invitó la reina Ester a sus banquetes? ....

¿Cómo el rey recompensó a Mardoqueo por haberle salvado la vida? ....

¿Qué le pidió Ester a Mardoqueo que hiciera antes de que ella fuera a ver al rey? ....

¿Qué hizo el rey cuando Ester se presentó ante él sin invitación? ....

¿Quién quería destruir a todos los hebreos del reino? ....

¿Cómo el rey detuvo la destrucción de los hebreos? ....

¿Qué fiesta celebra la salvación de los hebreos? ....

RESPUESTAS

1. El rey Asuero (Jerjes)
2. La reina Vasti
3. Benjamín
4. Al rey de Persia y a Amán
5. Amán lo guio a caballo por toda la ciudad
6. No comer ni beber durante tres días
7. Le extendió su cetro de oro
8. Amán
9. Envió cartas a toda Persia permitiéndoles a los hebreos defenderse
10. Purim

Completa la sopa de letras

ESTER REY
PERSIA SUSA
AMÁN REINA
BANQUETE VASTI
ASUERO PALACIO

```
A P I W S V G X E P
R S A T U P P J S E
E C U L S G I M T R
I U V E A X A B E S
N E A L R C X D R I
A N S E K O I N I A
M N T R D R H O G M
I V I S M A A F A Á
E R E Y R D V E T N
B A N Q U E T E G H
```

Bible Pathway Adventures®

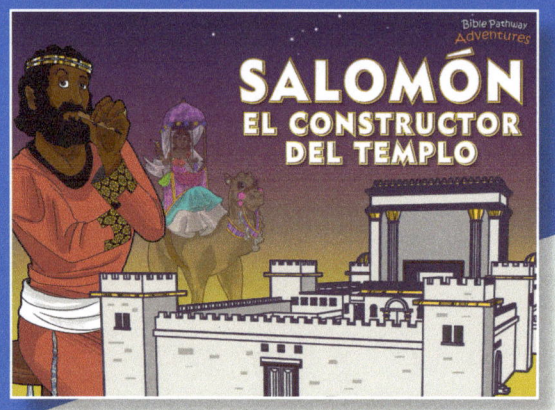
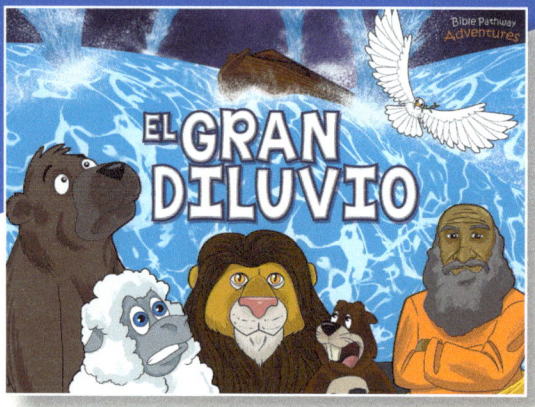
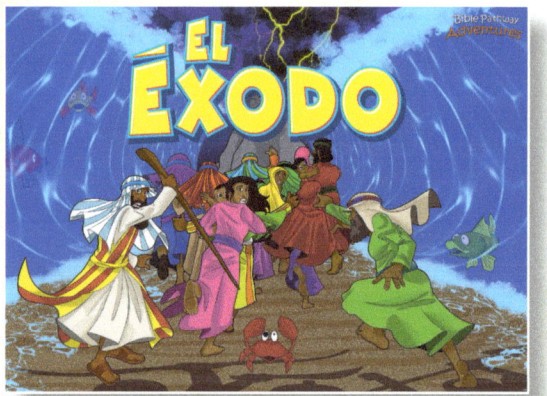

La huida de Egipto

El Gran Diluvio

El Nacimiento del Rey

Tragado por un pez

Traición al Rey

El Rey Resucitó

¡Naufragio!

Vendido como Esclavo

Arrojado a los Leones

Salvado por una Asna

El Éxodo

Camino a Damasco

Salomón

¡Descubre más historias de la Biblia de Bible Pathway Adventures!

Consulte los libros de actividades de Bible Pathway Adventures

IR A

www.biblepathwayadventures.com

www.ingramcontent.com/pod-product-compliance
Lightning Source LLC
Chambersburg PA
CBHW040319100526
44583CB00004BB/156